कश्मकश

a dilemma...

Swarna Boyina

BookLeaf Publishing

India | USA | UK

Presentation by *BookLeaf Publishing*

Web: www.bookleafpub.com

E-mail: info@bookleafpub.com

ISBN: 9789360940539

First edition 2024

मेरी प्यारी बेटी के नाम, प्रेम और समर्पण से...

तुम मेरे दिनों को चमकाने वाली सूर्य किरण हो,
जीवन के विशाल गुच्छे में खुशी की ज्यों-ज्यों तारा।
तुम्हारी हंसी, एक ऐसी संगीतमय ध्वनि है,
तुम्हारी आँखों में, मैं एक अनोखे ब्रह्मांड को पाती हूँ।

ACKNOWLEDGEMENT

एक विचार को पुस्तक में बदलना उसी की तरह कठिन है जैसा कि यह सुनाई देता है। यह अनुभव आंतरिक रूप से चुनौतीपूर्ण और अद्भुत है। मैं BookLeaf Publishing टीम को धन्यवाद देती हूँ जिन्होंने मेरे अंदर सृजनात्मक ज्वाला को जगाने का अवसर प्रदान किया और मेरे कविता को प्रकाशित करने की संभावना दी।

संतोष एक मूल्यवान अवस्था है, और मुझे इसे अनुभव करने का सौभाग्य है। जीवन ने मेरे लिए मूल्यवान सबक और अनुभव दिए हैं, जिन्हें मैंने अपनी कविताओं में बुना है। जीवन की लहरें—उछाल और गिरावट—हमें आकार देती हैं, हमारी प्रतिस्थापना और समझ को आकार देती हैं।

मेरी बेटी को विशेष धन्यवाद, जिनका अविचलित प्रोत्साहन मेरे लेखन सफर को ऊर्जा प्रदान करता है। वह मेरे लेखन भावनाओं को समझती है और अपनी खुद की कविताओं से मुझे प्रेरित करती है।

PREFACE

प्यार और तन्हाई की कश्मकश हैं ज़िंदगी।
उसी कश्मकश से उभरी यह चंद कविताएँ।
आशा है कि आपको यह पसंद आएँगी।

तलाश

शोर में खामोशी
और भीड़ में तन्हाई
महसूस कर सकती हूँ मैं
क्या यह संकेत है कोई?

बेइन्तेहाँ प्यार मिला
और मिली अपनों की हमदर्दी
फिर भी कुछ कमी है
और दिल में कुछ खाली।

नींद पूरी होती तो है
फिर भी बेचैन हैं नैन
क्या मुझे किसी की तलाश है
या है खुद की तलाश।

ग़म का सिला

ख़ुशी मेरे ताने मारे
क्या मैं खुश थी कभी?

आशा की किरण में मुस्कराहट फूल सी खिली,
तुरंत वहीं मुरझा जाती है ग़म में वह कली।

थोड़ा सा तो सब्र कर मेरे गम
यह ख़ुशी ना मिलेगी मुझे हरदम
ज़िंदगी जी लूँ चंद पल ही सही
फिर आ गले मिल मैं खड़ी हूँ यहीं।

तन्हाई क्या? मुझसे कौन जानता ज़्यादा?
ए ग़म मैं ना छोड़ूंगी तुझे अकेला
एक बार ख़ुशी महसूस तो कर लूँ मैं
तब जानूं तुम्हारी अहमियत और सिला।

तन्हाई

तन्हाई के इस रेगिस्तान में
प्यार की एक बूँद का इंतज़ार है
परायों की इस भरी महफिल में
एक अपने का इंतज़ार है

यूँ तो चेहरे पे यह मुस्कान
हर पल सजी रहती है
पर दिल से हंसने का
उस एक पल का इंतज़ार है

यह तो प्रकृति का नियम है
रुत आते हैं और जाते हैं
अब यही आशा है जीवन में
उस एक सावन का इंतज़ार है

चाह

सागर की हर लहर में
किनारे को चूमने की ख़्वाहिश है
सावन की हर प्यार भरी बूँद में
ज़मीन को भिगोने की तमन्ना है
तारों की हर चमक में
चाँद को चुराने की उमंग है
और मेरी हर साँस में
तुम्हें पाने की चाह है

तुम

फूल फूल नहीं शहद के बिना
चाँद चाँद नहीं चाँदनी के बिना
दिया दिया नहीं रोशिनी के बिना
मैं मैं नहीं तुम्हारे बिना

नैन नैन नहीं सपनों के बिना
प्यार प्यार नहीं चाहत के बिना
दिल दिल नहीं दिलदार के बिना
मैं मैं नहीं तुम्हारे बिना

तुमसे हैं मेरे अरमान मधुर
तुमसे है मेरी पहचान अमर
तुमसे है यह संसार सुंदर
तुम्ही हो मेरे जीवन का आधार

ज़िंदगी

ज़िंदा हूँ जीने के मकसद से
दिल में चुभते ज़ख्मों से
दूर तक कोई राहत नहीं है
बस एक मौत की मज़िल है

काश मैं पत्थर या पेड़ होती
बिना बातों या जज़्बातों के
क्या करूँ इंसान हूँ मैं
ठोकर खाई हुई अरमानों की

दिल्लगी

यह प्यार हमसे नहीं होगा
और ना ही एतबार
चुप-चुप के ना और होगा
हमसे यह इंतज़ार

दिल से दिल लगाया हमने
तो दिल जले क्यों?
दिल्लगी निभाई हमने
तो यह जहान जले क्यों?

न दिल तोड़ सकते हैं
न जहान छोड़ सकते हैं
फिर यह दिल लगाना क्यों?
और यह प्यार करना क्यों?

रेगिस्तान दिल

ज़िंदगी तो अब भी हमसे ख़फ़ा है
उसके दिए हुए ज़ख्म भी हरे हैं
हर दिन कोई सपना टूटता है
याराने की कमी भी हर पल सताती है

तन्हाई के काले बादल छाए हैं
अँधेरे में तड़पने पर मजबूर करती है
बची हुई उस आशा की ज्योति बुझाके
ज़िंदा लाश बनाके छोड़ देता है

क्या इस रेगिस्तान दिल में
कभी सावन की झलक होगी?
और प्यार के फूल खिलेंगे?

इशारे

होंठों पे इंकार है
दिल में इज़हार है
होता है बस इशारों से
इकरार, शब्दों से नहीं

इशारों को समझो तो
यह दिल मेरा है आईना
तलाश में जिस कश्ती के हो
उसका किनारा है प्यार मेरा

दर्द

दिल में कुछ दर्द सा है
और आँखों में कुछ नमीं
आसूं बहाएं तो किसे दिखाने
आप उस दर्द से अनजान तो नहीं

दिल की बात

दिल की बात ना सुनना यारों
ठोकर खाते रह जाओगे
अपने पराए सब छूट जाएंगे
और तुम देखते रह जाओगे

ग़म

ग़म से इतनी दुश्मनी थी कि
वही दोस्त बन गए मेरे
और उस दोस्त ने इतनी खुशियां दी कि
आसूं भी थम गए मेरे

मूल्य

ज्ञान के बिना शब्द
दया के बिना कर्म
नैतिकता के बिना चरित्र
मूल्य के बिना जीवन है

जीने दो

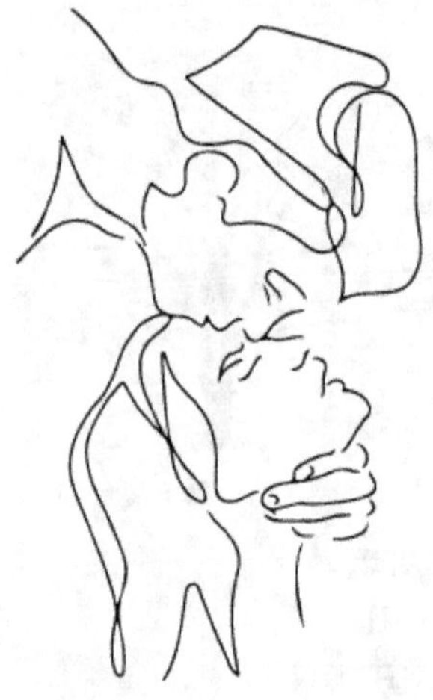

तुम्हें और परख के देखने दो
तुम्हारी तस्वीर इस दिल में उतरने दो
ना जाने यह पल फिर नसीब हो ना हो
इस पल को मुझे जी भर के जीने दो

प्यार की लड़ाई

अब की लड़ाई प्यार में
न इंकार ज़माने से
ना ही भगवान से
पर है खुद के जज़्बातों से
और अनगिनत तनहाइयों से

दुनिया

आकर्षण क्षणिक है
अनुबंध अनंत है
लेकिन आज की दुनिया में—
आकर्षण अधिक है
अनुबंध अर्थहीन है

प्रकृति

शीतल हवा में मौन
खिलते हुए फूलों में सुंदरता
मेरे शुद्ध मन में खुशी
यह मेरा प्रकृति के साथ रिश्ता है

नफ़रत

कभी यादों में खो जाती हूँ तेरे संग,
फिर लौट के तन्हाई कर देती है तंग।
ढूँढती हूँ प्यार को इस दुनिया के शोर में,
पर तन्हाई देती है खोल हर द्वार पे।
शायद नफ़रत मिटाकर ही पा सकूँ राहत,
फिर आ भर दूँ खुशियों से तेरा दामन।